Josephine Biebel

Rumänien – erwache!

Herstellung und Verlag: BoD – Books on Demand, Nordersted

Bibliografische Information der Deutrschen Nationalbibliothek:

Die Deutsche Nationalbibliothek verzeichnet diese Publikation in der Deutschen Nationalbibliografie; detaillierte bibliografische Daten sind im Internet über http://dnb.dnb.de abrufbar

© 2016 Josephine Biebel

Herstellung und Verlag:

BoD – Books on Demand, Norderstedt

ISBN: 978-3-7431-0187-6

Rumänien – erwache!

Josephine Biebel

Inhaltsverzeichnis

Meine Lieben Landsleute! 07

Es begann mit Lemuria und Atlantis 08

Atlanter in Rumänien 09

So geht es ins Neue Goldene Zeitalter 14

Ernährung, Genussmittel und Medikamente: 15

Menschen, Tiere, Pflanzen, Mikroorganismen, Mineralien: 21

Frauen und Kinder: 23

Schlaf, Erholung und Gemützustand: 24

Sprachmagie und Gedankenkraft: 27

Sendungsenergien: 34

Versteckte Gefahren umwandeln: 37

Christusenergie: 41

Begriffserklärungen 44

Die acht Körper – von innen nach außen 56

Aufruf an Alle! 61

Danksagung 62

Eigene Notizen 63

Meine Lieben Landsleute!

Wo immer Ihr auf der Welt leben mögt, an Euch alle ist diese Botschaft gerichtet. Diese Botschaft kommt von mir: Lichtarbeiterin* und Heilerin*.

Meine kosmischen Eltern* sind die Göttin Shakti* und Erzengel Raphael*. Meine kosmische Mutter verlieh mir die Fähigkeit, die göttlich* weiblichen Energien* zu verbreiten. Mein kosmischer Vater verlieh mir Heilkräfte*. Ich selbst gehöre den Engelwesen* an.

Mein Seelenpartner* stammt aus dem ältesten aller Universen, dem Quadril 5. Quadrilianer können ihr Heimatuniversum nur mithilfe einer anderen Seele verlassen, meist suchen sie sich dafür Engel aus. So suchte er sich meine Engelseele aus.

Meine Lebensaufgabe*: Bevor wir inkarnieren, nehmen sich unsere Seelen einen Seelenplan* vor. Mein Seelenplan sieht vor, Rumänien von seinem Karma* zu befreien. Nun wurde mir mitgeteilt, dass ich soweit bin und es Zeit ist, meinem Seelenplan zu folgen.

Es begann mit Lemuria* und Atlantis*

Lemuria und Atlantis waren in puncto Fortschrittlichkeit allen anderen Kontinenten weit überlegen. Atlantis vertrat schließlich die Ansicht, dass die anderen Kontinente von ihnen unterwiesen werden sollten, Lemuria wollte die Völker in ihrer natürlichen Entwicklung nicht beeinflussen. Die Meinungsverschiedenheit eskalierte schließlich zu einem Krieg, den Atlantis gewann.

Das war die Stunde der Dunklen*. Sie kamen aus den Weiten des Alls, landeten auf Atlantis und ‚halfen' die Welt zu ordnen. Der Norden von Atlantis vertraute den ‚Helfern', der Süden hielt zu ihnen skeptisch Abstand. Aber beide, auch der Süden, erkannten viel zu spät ihre wahren Absichten.

So wie sich der menschliche Körper durch Fieber von Krankheitserregern befreit, so befreit sich die Erde* über Naturkatastrophen von schädlichen Energien. Kurzum, die Erde ließ Lemuria und Atlantis untergehen.

Alle, die sich mit den Dunklen eingelassen hatten, ob wissentlich oder nicht, luden sich Karma auf. Dieses Karma war so gewaltig, dass es bis heute noch nicht ganz abgearbeitet worden ist. Lemuria ging vor 50.000 Jahren unter, Atlantis vor 18.000 Jahren. Alle, die sich damals mit den Dunklen einließen, trugen am Untergang von Lemuria oder Atlantis oder gar von beiden bei.

Die Dunklen gestalteten Schritt für Schritt die Welt, bis sie so geworden ist, wie wir sie heute kennen: Ein paar Wenige beherrschen die Welt, sie sind die Herrscher über Geld und Banken, über Medien und Multimedia, über Bildung und Wissenschaft, über Politik und Ökonomie.

Atlanter in Rumänien

Atlantis hatte begonnen, sich in zwei Lager zu spalten. Die eine Liga hatte sich mit den dunklen Mächten eingelassen. Dies bedeutete: sie schufen eine elitäre, patriarchale Gesellschaft, welche sich in reich und arm aufgliederte, Experimente mit anderen, das heißt, mit Menschen sowie Tieren und Pflanzen, wurden eingegangen und nicht zuletzt wurde schwarze Magie angewandt.

Die andere Liga blieb den alten Werten treu: es gab nur Fülle und keine Armut, kein Lebewesen war mehr oder weniger wert als das andere und wurde gleichsam respektvoll behandelt und nur die göttlich-spirituelle Kraft wurde zum Wohle aller eingesetzt statt schwarzer Magie; die männlichen und weiblichen Energien waren im Gleichgewicht.

Erste Anzeichen, dass Atlantis untergehen würde, machten sich breit. Lemuria ging als erstes Beispiel voran. Gebiete oder gar ganze Kontinente gehen unter, wenn sie von negativen Energien belastet sind und erheben sich erneut aus den Tiefen, wenn die positiven Energien wieder überwiegen.

Viele Atlanter, die ihre guten, alten Werte bewahren wollten, verließen Atlantis. Auf Atlantis sahen sie keine Möglichkeit, das drohende Unheil abzuwehren und zogen auf das Festland. Vor 34.000 Jahren betraten die ersten Atlanter die afro-asiatische Halbinsel, die heute Arabien genannt wird. Im Laufe der Zeit erweiterten sie ihr Territorium, nicht zuletzt weil weitere Atlanter auf das Festland zu ihnen zogen, und gründeten die ägyptische Kultur am Nildelta* und entlang des nördlichen Flusslaufes.

Von Ägyptoarabien zogen die Atlanter weiter nördlich. Sie hinterließen ihre Spuren im Mittelmeerraum, sie gründeten Städte, darunter auf Santorin*, eine damals noch zusammenhängende Insel, sowie auch Byzanz*. Ihr Zug nach Norden erstreckte sich bis ins heutige Nordrumänien. Ebenda gründeten sie die Stadt Baia Mare*.

Von Nordrumänien wanderten Einige weiter nach Westen und ließen sich bei dörflich lebenden Völkern nieder, die auf dem Territorium des heutigen Timişoara* lebten. Die Atlanter befestigten nahe der Bauern eine Stadt in der Manier ihrer Hochkultur.

Jene ausgewanderten Atlanter hielten, im Gegensatz zur landläufigen Meinung, respektvolle Distanz zu der einheimischen Bevölkerung, drängten ihnen nicht ihre Hochkultur auf und störten sie nicht in ihrer natürlichen Entwicklung. Und jene Atlanter lebten friedlich wie einst ihre edelmütigen Vorfahren während der Frühzeit von Atlantis. Sie wären jederzeit in der Lage gewesen, sich gegen die kleinwüchsigen Menschen, die ihre Felder bestellten und noch keine Schmiedekunst und Waffenherstellung kannten, sich zu erheben. Dies unterließen die Atlanter aus Respekt vor den Einheimischen. Ihre friedfertige Lebensweise ließ die Einheimischen ihre Angst vor den großwüchsigen, überlegenen Atlantern verlieren. Beide lebten gewaltlos nebeneinander her.

So sehr sich die ausgewanderten Atlanter Mühe gaben, ihre edelmütigen kulturellen Werte wenigstens auf dem Festland aufrechtzuerhalten, so kamen sie dennoch gegen die sich immer weiter ausbreitende Macht der Dunkelheit nicht gänzlich an. Die gefälschte Geschichtsschreibung, die manipulierten Bildungseinrichtungen, Politik, Wirtschaft sowie Geld und Banken sind Einrichtungen der Dunklen und liegen in den Händen der Dunklen. Die Welt von heute geht auf jene ferne Vergangenheit zurück.

Rumänien gehört zu jenen Ländern, die sich nie ganz der Dunkelheit gebeugt haben und weiterhin frei und autark leb(t)en, wie es einst die Menschheit allgemein tat. Auf dem Lande leb(t)en Rumänen als Selbstversorger und in der Stadt betrieben sie Tauschhandel. Beide Lebensweisen mach(t)en sie von den Strukturen der Dunklen, allem voraus dem Geld, unabhängig.

Nur für eine kurze Zeit gewann die Dunkelheit in Rumänien die Oberhand und zwar als Konstantinopel, ehemals Byzanz, 1453 fiel. Dass sich in den Gebieten des heutigen Rumäniens das Licht immer schwerer behaupten konnte, hatte sich bereits abgezeichnet. Die Geistige Welt* sandte Lichtarbeiter zur Erde. Es erübrigt sich zu erwähnen, dass auch Rumänien Lichtarbeiter erhielt. In Rumänien inkarnierten vor allem Engelwesen. Und um es gleich vorwegzunehmen: auch Ex-König Michaels Seele ist eine Engelwesenheit.

Neben vielen anderen Wesenheiten inkarnierten auch Cetaceren*-Seelen in menschliche Körper, allerdings beschränkten sie sich damals auf jene Bereiche, die heute den Staat Rumänien ausmachen. Insbesondere ihnen ist es zu verdanken, dass die Dunkelheit nie ganz die Oberhand in Rumänien gewann. Vlad Țepes, im Ausland verunglimpft als Dracula-Figur, war solch eine inkarnierte Cetaceren-Seele.

Noch innerhalb jener Epoche, der Renaissance, konnte die Dunkelheit auf rumänischem Boden bezwungen werden. Es gelang den Cetaceren-Seelen sogar, ihre lichtvolle Arbeit auf Osteuropa auszuweiten, doch fortan setzte die Dunkelheit ihr Werk außerhalb von Rumänien fort.

Woran lag das? Vor dem Inkarnieren besprechen die Seelen untereinander ihren Seelenplan. Im Anschluss werden sie vom Seelenrat auf mögliche Gefahren hingewiesen. Unerfahrenen

Seelen bereiten diese Gefahren Angst. Die Dunklen schleichen sich an der Stelle heimlich ein und sagen den unerfahrenen Seelen, was sie hören wollen. Sie müssen ihre Seele nur den Dunklen ‚anvertrauen'. Da es aber keinen Tod gibt, sind die unerfahrenen Seelen Inkarnation für Inkarnation an die dunklen Machenschaften gebunden.

Bei der Loslösung von den Dunklen kann ihnen niemand helfen, nur sie selbst können sich aus eigenen freien Stücken von ihnen distanzieren, indem sie sich mit den Dunklen nie wieder einlassen. Da die unerfahrenen Seelen die Macht der Dunkelheit erkannt haben, fürchte(te)n sie, in ihrer nächsten Inkarnation Opfer der Inquisition, Folter, des Krieges, der Gewalt und Krankheiten zu werden und inkarnieren dort, wo die Dunklen sie haben wollten: in Westeuropa.

Bis heute ist der Anteil an Cetaceren-Seelen in Osteuropa höher als der im westlichen Teil des Kontinents. Zahlenmäßig am höchsten Vertreten ist der Cetaceren-Anteil in Rumänien. Bis heute hat die Dunkelheit vergeblich versucht, Osteuropa, vorrangig Rumänien, zu bezwingen. Ein Sieg, den die Dunkelheit bis heute nicht errungen hat. Die Dunkelheit fürchtet die Niederlage gegenüber Rumänien.

Ein Versuch über Rumänien, und somit über ganz Osteuropa, zu siegen, war der Ostblock. Die Vertreibung der Cetaceren-Seelen war ihnen jedoch nicht gelungen. Also wurden Versuche unternommen wie Rufmord, herbeiführen von Naturkatastrophen, herbeiprovozierte Armut, Landverkäufe, Einsatz von westlichen Investoren und… und… und…

In Eurer Verzweiflung wendet Ihr Euch, meine lieben rumänischen Landsleute, an den Westen, ahmt ihn nach, versucht Euch zu beweisen – und scheitert dennoch kläglich. Woran liegt das? Das liegt daran, dass es nicht nur Individualseelenpläne gibt, es gibt auch Gruppenseelenpläne. Ein Gruppenseelenplan entsteht, wenn sehr viele Seelen aus dem gleichen oder ähnlichen Grund inkarnieren. Diese Seelen verbindet im Prinzip dieselbe Aufgabe, während sie in ihrer Inkarnationen auf Erden weilen. Der Gruppenseelenplan Rumäniens besteht darin, die Erde von der Dunkelheit zu erlösen und ein neues Zeitalter einzuläuten.

Alle Energien, die Rumänien dafür braucht, entfalten bereits ihre Wirkung. Die neuen Energien entfalteten sich schon vor dem 21. Dezember 2012* zunehmend. Und alle Unterstützungen, die Rumänien gebrauchen kann, hat es bereits bekommen. Es gibt mehr inkarnierte Lichtarbeiter als jemals zuvor, die Geistige Welt bietet ihre Hilfe über Channels*, Internet und spirituelle Bücher an – und es ist unerfahrenen Seelen nicht mehr gestattet, auf der Erde zu inkarnieren.

Wie jedoch kann ein einziges Land einen ganzen Planeten retten? In dem es mit gutem Beispiel vorangeht. Wenn Rumänien diese Richtlinien befolgt, wie sie in diesem Buch beschrieben sind, wird es zum Vorreiter für alle anderen Völker. Es geht darum, sich so zu verhalten, dass die Dunklen keine Chance mehr haben, ihre Energien auf dem Planeten Erde zu verbreiten.

So geht es ins Neue Goldene Zeitalter

Vorerst gefragt: Was ist eigentlich ein Goldenes Zeitalter? Dies ist eine Zeit, in der es keine Sorgen, Nöte, keine Schmerzen und Krankheiten gibt. Es gibt keine Herrscher und Untergebenen. Und es gibt keinen Mangel. Es gibt keinen Hass, kein Neid und keine Konkurrenz.

Dies erscheint zunächst utopisch. An der Stelle sollte sich jeder fragen, was erscheint denn realistisch? Sind Steuern realistisch oder könnten wir auch ohne sie leben? Ist Geld realistisch oder könnten wir auch ohne Geld leben? Ist Konkurrenz realistisch oder könnten wir auch in gegenseitig unterstützender Koexistenz leben?

Diese Liste an Fragen könnte ich so unendlich fortsetzen. Aber warum fällt es uns dann so schwer, all dem Hinterfragten zu entsagen? Antwort: Es ist die Beeinflussung. Diese Beeinflussung erfolgt tagtäglich und permanent. Gleichzeit verläuft diese so subtil, dass es den Menschen nicht mehr bewusst ist.

Unsere Sinne reagieren auf Frequenzen. Alles, was positiv ist, wie Freundlichkeit, Hilfsbereitschaft, Solidarität, Einfühlsamkeit etc., schwingt in hohen Frequenzen. Alles, was negativ ist, wie Feindseligkeit, Krieg, Hass, Verachtung, Rücksichtslosigkeit, Angst etc., schwingt in niederen Frequenzen. Dies lässt den Leser bereits erahnen, dass die Dunklen unseren Alltag mit Niederfrequenzen überschütten.

Es gibt daher ein Hauptkriterium, das uns direkt ins Neue Goldene Zeitalter führt: Niederfrequentes meiden! Aber wo überall verbirgt sich Niederfrequentes? Dies alles wird auf den folgenden Seiten aufgelistet.

Ernährung, Genussmittel und Medikamente:

Meidet niederfrequente Nahrungsmittel, denn mit dem Verspeisen selbiger gelangen jene Niederfrequenzen in den Organismus und hindern Euch daran, positive Gedanken und Emotionen in hochschwingenden Frequenzen zu erreichen. Niederfrequente Nahrungsmittel sind…

-Eier. Zumindest sollten Eier aus Legebatterien gemieden werden, denn sie enthalten die Stresshormone der Tiere, die lebenslang eingepfercht ihr jämmerliches Dasein fristen. Stress schwingt niederfrequent. Greift auf Eier zurück, die von freilaufenden Hühnern stammen.

-Milch- und Milchprodukte. Die Milch, und dementsprechend auch die Molkereiprodukte, enthalten Leistungspräparate, damit die weiblichen Tiere mehr Milch produzieren. Diese Präparate sind für jeden Organismus schädlich. Greift auf Milch und den daraus hergestellt Produkten zurück, die aus tierfreundlicher Haltung stammen.

-Fleisch und Fisch aber auch Meeresfrüchte sowie alle daraus hergestellten Produkte. Den Tieren werden Hormone verabreicht, damit sie schneller heranwachsen. Und Land- wie auch Wassertiere erleben selten einen plötzlichen Tod. Selbst wenn sie sofort tot sind, schütten sie beim Sterben das Todeshormon aus. Jenes Todeshormon gelangt dann in den Organismus der Verbraucher, lässt diese tief schwingen und löst zudem Krankheiten aus. – Fisch und Fleisch sowie die daraus gewonnenen Produkte so oft wie möglich meiden, am besten ganz darauf verzichten. Und was speziell den Fisch angeht: Kauft Fisch(produkte) mit dem Kennzeichen der treibnetzfreien Fangmethode. Auch diese Fische und Meerestiere stoßen Stress- und Todeshormone aus, aber die Ozeane werden nicht mit Riesennetzen leergefischt.

-Fleisch- und Fisch- aber auch Meeresfrüchteersatz. Um entsprechende Gewächse anzupflanzen, werden in gigantischen Großflächen Regenwälder abgeholzt. Wildtiere verlieren ihren Lebensraum, Menschen ihr Heim und das Erdklima leidet kolossal darunter. Die niederfrequente Schwingung der kahlgerodeten Flächen überträgt sich auf die dort angepflanzten Plantagengewächse. Die Pflanzen produzieren Stresshormone, die der Verbraucher mitisst. Greift auf Produkte aus dem biologischen Handel zurück, denn die stammen aus klein- bis mittelflächigen Anbauten, welche die Natur so weit wie möglich berücksichtigen.

-Pilze, Hefe und Bier. Makro- und Mikropilze sind Pflanzentiere. Wenn sie roh gegessen oder zum Essen verarbeitet werden, bilden auch sie Stress- und Todeshormone. Auf Pilze, Backwaren und Bier am besten ganz verzichten oder zumindest auf ein Minimum reduzieren.

-Obst und Gemüse aus dem Supermarkt ist voll mit giftigen Chemikalien und Stresshormonen. Oft sind sie gentechnisch verändert, auch wenn dies an den Warenschildern nicht verzeichnet ist. Insektizide, Pestizide, weitflächiger Monokulturanbau und besagte Gentechnik bedeuten Stress für die Pflanzen und lassen sie tief schwingen. Geht lieber auf dem Markt oder direkt zum Bauern einkaufen oder pachtet Euch eine kleine Gartenpartielle.

-Fertigprodukte. Sie enthalten oft Auszüge von Schlachttieren und synthetisch hergestellten Produkte. Beide, Schlachtereiprodukte und jene künstlichen Produkte, sind tiefschwingend. Anmerkung: Am Hochschwingendsten sind frisch geerntete Lebensmittel roh gegessen.

-Zucker. Er führt dazu, dass sich unsere Schwingungsfrequenz senkt. Zucker im gesunden Maße ist erforderlich. Zu beachten ist, dass neben Obst auch Gemüse Zucker enthält, wie beispielsweise Karotten oder Kartoffeln in Form von Stärke. Und zu beachten ist, dass Heilpflanzen ja auch nicht süß sondern bitter schmecken! Zu viel Zucker macht krank. Von Krankheiten profitieren die Pharmaindustrie und die Dunklen gleichermaßen. Die Pharmaindustrie macht Umsätze mit Kranken, nicht mit Gesunden, und die Dunklen stärken sich an den niedrig schwingenden Energien. Greift lieber auf Honig vom Bauern oder Imker zurück, die ihre Bienen noch mit Rücksicht behandeln – Rücksicht ist hochschwingend!

-Zuckerersatz. Kein menschlicher Organismus verträgt so viel Zucker, dass er einen Zuckerersatz bräuchte. Auch die Zuckerersatzprodukte, die ‚natürlich' gewonnen werden, entstehen im Chemielabor. Sie unterliegen einer ganzen Reihe chemischer Prozesse, so dass von dem ach so natürlichen Stoff nicht mehr viel übrig bleibt. Sowohl Zucker als auch Zuckerersatz soweit wie möglich reduzieren.

-Schokolade und Schokoladen-/Kakaoprodukte. Damit das Kakaoaroma deutlicher zum Vorschein kommt, wird Blut eingearbeitet. Greift bei diesen Produkten auf biologische Ware zurück. Zunächst werden diese Euch weniger schmecken, weil neben dem Blut die vielen künstlichen Aromastoffe fehlen. Lasst Euch davon nicht abschrecken, neben Fleisch und Wurstwaren sind Schokoladenprodukte eines der tiefschwingendsten Lebensmittel auf dem Markt.

-Gummibärchen und andere Fruchtgummis sowie Geleefrüchte. Sie alle enthalten Gelatine, gewonnen aus Tierknochen. Sie schwingen tief wie Schokolade und enthalten ebenso wie Schokolade das Todeshormon. Kauft diese Artikel aus dem biologischen Handel, da jene keine tierischen Stoffe enthalten.

-Speiseeis. Kauft Speiseeis aus dem biologischen Handel, bereitet es selbst zu oder besorgt Euch vegane Produkte. Konventionell hergestelltes Speiseeis enthält zu viel Zucker und Eier von Hühnern aus Legebatterien.

-zuckerhaltige Getränke: Limonaden, Eistees, Eiskaffees, Colas, Malzbiere, Milchmixgetränke etc. Ob sie trinkfertig oder als Pulver angeboten werden, ist nicht ausschlaggebend. Sie bestehen zum weitaus(!) größten Teil aus Zucker, und neben weiteren Ingredienzen enthalten sie synthetische Aromaten und Farbstoffe.

-Tee, deren Pflanzen mit Insektiziden, Pestiziden und Gentechnik versehen sind. Synthetische Farbstoffe und Geschmackverstärker lassen den Tee zusätzlich tief schwingen. Am besten Teepflanzen aus dem eigenen Garten oder gepachteten Gärtchen nehmen oder Tee aus dem biologischen Handel kaufen. Tee aus dem biologischen Handel verwenden mitunter auch Aromastoffe aber natürliche.

-Kaffee. Er war ursprünglich ein Heilmittel. In seiner Heimat, Afrika, wurde er als keimtötendes, harntreibendes, verdauungsanregendes und fieberförderndes Mittel eingesetzt. Nur noch wenige Wüstenvölker verwenden die Kaffeebohnen als Naturheilmittel. Der Kaffee, so wie er heute zubereitet und getrunken wird, schädigt die Nieren. Viel Wasser trinken nach jeder Kaffeetasse kann vor diesem Schaden nicht bewahren. Zudem greifen Menschen nach Kaffee wegen dessen anregender Wirkung. Sie greifen danach, weil sie sich dem vorgeschriebenen Tagesrhythmus beugen, der ihnen von den Dunklen diktiert wird, statt sich nach ihrem natürlichen Lebensrhythmus zu richten. Und sollte nach Veröffentlichung dieses Buches Kaffeenaturheilmittel auf den Markt kommen – Vorsicht – die Kaffeepflanze wirkt nur frisch geerntet und ohne Insektizide, Pestizide, Gentechnik sowie ohne labortechnischer

Verarbeitung. Die Kaffeepflanze ist keine alltägliche Heilpflanze! Besser ganz auf Kaffee verzichten und auch auf ‚Heilpräparate' aus Kaffee. Sind einmal die Nieren betroffen, auch wenn die Erkrankung noch so leicht ist, erbringt es tiefe Schwingungen.

-Kaffeeersatz aus Lupinen oder Zichorien, wenn er bei der Herstellung zu lange liegt. Kaffeeersatz aus dem biologischen Handel ist noch die beste Alternative. Wirklich hochschwingend ist der Kaffeeersatz aus frisch geernteten Bohnen der Lupinen oder der ebenfalls frisch geernteten und zermahlenen Zichorienwurzel, beide frisch geröstet und aufgebrüht.

-Kakao, wenn er oft und in großen Mengen getrunken wird. Auch Kakao ist eine hochwirksame Heilpflanze. Am besten kommt Kakao zur Wirkung, wenn er in seiner natürlichen Bitterkeit in kleinen Mengen und nur nach Bedarf getrunken wird. Kakao beruhigt und entspannt. Zur rechten Zeit eingesetzt, befreit uns Kakao aus den tiefschwingenden Gemütszuständen und hellt uns wieder auf.

-Spirituosen. Sie wurden ursprünglich eingesetzt, um aus Pflanzen Heilstoffe herauszulösen und um selbiges zu konservieren. Nach der Einnahme des Pflanzenheilstoffes geriet der Alkohol, wenn auch nur in sehr kleinen Mengen, in den Organismus. Alkohol dehydriert, aber mit viel gesundem, frischem Wasser wurden Giftstoffe aus dem Körper gespült und die Pflanzenwirkstoffe konnten ungehindert wirken. Alkohol in sehr kleinen Mengen und nur gezielt eingesetzt wirkt heilend, Alkohol als Genussmittel entfaltet seine Neurotoxine und lässt uns tief schwingen.

-Heilquellwasser aus dem Handel. Um Wasser in Behältnissen vor Algenbildung, Ablagerungen und abgestandenen Gerüchen zu schützen, bedarf es einer Reihe von chemischen Präparaten. Mineralwasser oder Heilquellwasser aus dem Handel ist ungesund und tiefschwingend. Gesundes Wasser vor Ort direkt von der Quelle trinken oder in Behältnissen mit nach Hause genommen und in Kürze verbrauchen, nur solche Wasser lassen uns hochschwingen. Frisches gesundes Wasser ist das einzige ‚Genussmittel', das wir unbesorgt trinken können und das unseren Körper von Giften und anderen Schadstoffen freispült.

-Tabak, wenn er als Droge missbraucht wird. Eigentlich ist Tabak eine Heilpflanze, die von den Ureinwohnern Amerikas auch als solche genutzt wurde. Durch den jahrhundertelangen Missbrauch ist die Tabakpflanze toxisch geworden, so dass es ratsam ist, auf andere Heilpflanzen auszuweichen. Als Tabakersatz eignen sich getrocknete Blätter von essbaren Beeren und gesunden Kräutern. Allerdings darf kein feines Blattmehl in die Lunge geraten, daher sollten nur Papierhülsen mit Filter benutzt werden oder es wird das hintere Teil der selbst gedrehten Zigarette sehr fest zugedreht. Vorsicht: Getrocknete Blätter brennen wie Stroh, daher jene Zigarette leicht anfeuchten (Zerstäuberfläschchen, Blumenspritze), damit es beim Anzünden zu keiner Stichflamme kommt. – Dieser ‚Tabak' ist überall zu haben, ist gesund, macht nicht süchtig und ist hochschwingend – es sei denn, auch der Tabakersatz wird missbraucht (s. Resonanzgesetzt S. 28).

-Medikamente. Sofern es möglich ist (nur dann!), auf Naturheilmittel zurückgreifen, denn Präparate von der Pharmaindustrie sind von dunkler Energie durchzogen und belasten mit Nebenwirkungen, die oft nicht spürbar sind aber den Körper massiv schädigen.

Menschen, Tiere, Pflanzen, Mikroorganismen, Mineralien:

Bevor eine Seele inkarniert, splittert sie sich in Seelenanteile auf. Sie inkarniert dann in Mineralien, Mikroorganismen, Pflanzen, Tiere und Menschen oder andere hochentwickelte Lebewesen. Es gibt keinen Tod und somit gibt es auch nichts Totes, alles ist beseelt, alles lebt. Alles und jeder ist mit Respekt zu behandeln, andernfalls begibt man sich in tiefe Schwingungen und läuft damit Gefahr, der Dunkelheit zu verfallen. Biologiebücher wurden bewusst manipuliert. Sie verschweigen das allgegenwärtige Leben. Der gedankenlose Umgang mit scheinbar toter Materie erzeugt tiefe Frequenzen, die negative Energien hervorrufen, da sich die Dunklen von negativen Energien ernähren.

-Mineralien: Bevor ihr mit Erde oder Steinen arbeitet, bittet die Geistige Welt um Liebe, Heilung, Reinigung und um Entfernung von Schmerzen für jene Erde oder Steine. Bedankt Euch anschließend bei der Geistigen Welt. Danksagung ist in der Geistigen Welt mehr als nur Höflichkeit, Dank ist eine positive Energie, die mehrfach zu Euch zurückkommt.

Mikroorganismen: Bevor ihr mit Desinfektionsmittel oder anderen keimtötenden Mitteln umgeht (Haushaltsspiritus, Petroleum, Putzmittel, Waschmittel etc.), bittet die Geistige Welt ebenso um Liebe, Heilung, Reinigung und um Entfernen von Schmerzen für die Stellen, wo ihr tätig seid, um Mikroorganismen Leid zu ersparen.

-Pflanzen und Pflanzentiere (Pilze, Korallen etc.): Bevor ihr Pilze sammelt oder verarbeitet, Blumen pflückt, Äste und Zweige absägt, Gras mäht, Büsche beschneidet, Bäume fällt, Obst und Gemüse erntet, verarbeitet oder esst, bittet auch hierbei die Geistige Welt um Liebe, Heilung, Reinigung und um Entfernen von Schmerzen für die Gewächse, mit denen ihr arbeitet. Anmerkung: Betretet niemals einen Pilzkreis oder entfernt davon Pilze, denn darin leben Naturgeister. Falls Ihr hineinstolpert, bittet die Naturwesen um Verzeihung!

-Insekten und Weichtiere: Dunkle Wesenheiten nutzen die Andersartigkeit von Insekten und Weichtieren, um Euch Angst oder Ekel einzureden, darum sind Phobien gegenüber diesen Wesen so weit verbreitet. Deswegen sind elektrische Insektenkiller und Fliegenpapier beliebte Mittel für die Dunklen. In beiden Fällen quälen sich die kleinen Tiere zu Tode. Ihre Agonie verbreitet negative Energien. Benutzt natürliche Mittel gegen Insekten. Zerreißt keine Spinnennetze, denn sie sind Insektenfallen. Setzt Zeitungspapier gegen Motten ein. Legt Kupfermünzen oder andere Kupferartikel zurecht, um Bienen, Wespen und Hornissen fernzuhalten. Und besorgt Euch aus dem biologischen Handel ätherische Öle für Räume und Sprays für den Körper. Lasst Euch nicht dazu verleiten, Insektenabwehrprodukte aus dem konventionellen Handel zu kaufen. Ihr gebt Euer schwer verdientes Geld für Gift aus, das Ihr einatmet beziehungsweise über die Haut aufnehmt.

-Wildtiere: Bei der Jagd trifft so manches verirrte Schrotgeschoss oder ein Blindgänger (eine Patrone, die woanders landet, weil sie an irgendetwas abgeprallt ist) ein Tier, das verborgen im Gras dem menschlichen Auge entgeht, aber gerade dadurch einen entsetzlichen Tod erleidet. Die Agonie dieser Tiere verbreiten tiefschwingende Energien und entladen sich unter den Menschen. Diese Entladung verbreitet sich unter Menschen in Form von Hass, Aggressionen, Krankheiten etc.

-Haustiere: Für sie gilt das gleiche wie für alle anderen Lebewesen auch. Wer sie gut behandelt, erntet positive Energien.

-Hunde und Katzen: Diese Haustiere nehmen einen Sonderstatus ein, denn sie haben eine besondere Aufgabe auf dem Planeten Erde zu erfüllen, ihre Aufgabe ist es, die Energien der Erdenmenschen zu reinigen und zu heilen. Katzen reinigen mit ihrem Schnurren die Aura und Hunde ordnen mit ihrem Umherlaufen und Umherspringen die feinstofflichen Körper der Menschen. Es ist kein Zufall, dass Canidae-Seelen und Feline-Seelen in Rumänien inkarnieren. Ihre Herkunft ist nicht Nebadonia*, beide stammen aus dem Dahl-Universum. Aus dem Dahl-Universum stammt auch Sananda, der vor über 2000 Jahren in den Körper von Jesus Christus inkarnierte.

Frauen und Kinder:

-Kinder sind bis zum 7. Lebensjahr hellsinnig* (hellsichtig, hellhörig, hellfühlig). Sie sprechen oft mit imaginären Freunden, sehen Elfen und andere Naturwesen oder fühlen sich durch irgendetwas ‚Unheimliches' bedroht. Erwachsene belächeln diese Fähigkeiten meist als kindliche Phantasie, dabei erziehen sie den Kindern diese Fähigkeit unbewusst ab. Bitte nehmt Eure Kinder ernst, auch dann, wenn sie noch Babys sind. Je jünger ein Kind ist, desto mehr kann es sich an die Geistige Welt und ihre Gegner, die Dunklen, erinnern. Wenn Kinder etwas unheimlich finden, dann bittet die Geistige Welt um Reinigung mit Licht und Liebe und um Schutz, bedankt Euch und wiederholt gegebenenfalls Bitte und Dank. Und wenn Kinder sich erfreuen an den Wesenheiten, mit denen sie sprechen oder sie gar sehen, dann glaubt und vertraut Euren Kindern. Lernt von Euren Kindern dunkle und lichte Wesen zu unterscheiden und lernt von Euren Kindern diese Wesen wieder wahrzunehmen, wie es Eure Vorfahren vor sehr, sehr langer Zeit konnten.

-Die weiblichen Energien im Lendenbereich sind um Vielfaches stärker als die männlichen. Leider trägt der Missbrauch der sexuellen Energie dazu bei, dass diese Kräfte geschwächt werden. Vor 500.000 Jahren legte eine fremdplanetarische Spezies, die Anunnaki*, alle bis auf zwei Gen-Stränge der erdenmenschlichen Rasse lahm. Die Folgen waren vor allem für Frauen verheerend, sie litten unter regelmäßigen schmerzlichen Beschwerden, unter beschwerlichen Schwangerschaften und schmerzhaften Geburten und die Sexualität wurde für beide Geschlechter zur Sucht. Einen sogenannten Sexualtrieb, wie von Wissenschaftlern angenommen, gibt es nicht. Jene künstlich hervorgebrachte Sexualsucht bedeutet vor allem für Männer einen früheren Tod. Eine natürliche Sexualität ist, wenn sie aus freien Stücken eingesetzt werden kann ohne Druck und Zwang. Die kraftvolle Energie im weiblichen Lendenbereich macht Frauen weit weniger von der Sexualsucht abhängig. Mit vielen Meditationen und Affirmationen können die lahmgelegten DNA-Stränge langsam wieder aktiviert werden und die Sucht wird umgewandelt in Freiwilligkeit. – Aber mit der Sexualsucht verdienen die Dunklen sehr viel Geld. Das ist ein Mitgrund, warum alles Weibliche unterdrückt wird, emporgehoben wird die Weiblichkeit fast nur in Bezug auf ihre Sexualität. Arbeitet sehr viel mit dem Wiedererwecken Eurer stillgelegten Gen-Stränge, denn auch Männer können schon im nächsten Leben eine Frau sein!
DNA-Stränge-Affirmation: Ich aktiviere jetzt alle meine 12 DNA-Stränge. Ich aktiviere jetzt alle meine Fähigkeiten. Ich aktiviere jetzt tiefe Heilung in mir.

Schlaf, Erholung und Gemütszustand:

Die Nacht wird zum Tag gemacht. Der Alltag wird zur Tortur. Die täglichen Pflichten führen zur Selbstaufgabe. All jene

Dinge werden von den Dunklen gezielt eingesetzt. Warum? Hier die Antworten beziehungsweise die Ratschläge.

-Sorgt stets für ausreichenden und gesunden Schlaf. Während des Schlafes finden wichtige Seelentreffen statt oder ihr arbeitet Karma ab oder ihr begebt Euch zu Heilungen. Ein ungesunder oder mangelhafter Schlaf macht krank und lässt Euch tief schwingen. Bittet mit Danksagung darum, dass Ihr Euch nachts mit den Seelen treffen wollt, mit denen Ihr eine Unterredung vorhabt. Trefft Euch beispielsweise mit rücksichtslosen Menschen, Legebatteriebesitzern, Tierversuchslaborleitern, Metzgern etc. Bittet nicht jede Nacht darum, denn wie bereits erwähnt, habt Ihr noch andere Aufgaben oder braucht selber Erholung.

-Nach unliebsamen Pflichten gönnt Euch Ruhe oder tut Euch etwas Gutes. Macht alles mit Freude oder zumindest ohne Stress und möglichst in Leichtigkeit. Das bewahrt Euch vor tiefen Schwingungen.

-In Situationen, in denen Ihr Wut, Hass, Neid oder andere negative Gefühle empfindet, denkt daran, dass dies präinkarnative Absprachen zwischen Seelen sein könnten (zB: Wie reagiert meine Seele, wenn Du mir dies oder das kaputt machst?). Wenn ihr einen lieben Menschen oder ein geliebtes Haustier verliert, so denkt daran, dass immer die Seele entscheidet, wann sie den feststofflichen Körper verlässt. Schicksalsschläge sind hierbei für die Seele nur Mittel zum Zweck. Die Seelen sind alle noch da, allerdings so hochschwingend, dass Ihr sie nicht wahrnehmen könnt. Negative Gefühle, so quälend und zermürbend sie auch sein mögen, sind Illusion. Lebt Eure negativen Gefühle aus und findet dann zu Licht und Liebe zurück, damit Euch die Dunklen nicht länger in ihren Bann ziehen können.

-Versucht Euch nie von den Dunklen dazu verführen zu lassen, für den Frieden zu kämpfen, Frieden kann man nur praktizieren. Kampf, wenn er auch noch so gut gemeint ist, schwingt tief und füttert die Dunklen mit negativer Energie. Findet den Frieden in Euch selbst und strahlt das aus, dann schwingt Ihr hoch und seid für die Dunklen nicht greifbar.

-Geht öfter raus in die Natur, geht viel barfuß, damit Ihr Euch erdet. **Im Gleichklang mit der Erde schwingen heißt, mit dem Heimatplaneten in derselben Frequenz schwingen. Das mildert Seelenschmerzen, verhindert oder lindert Krankheiten und lässt die kosmischen Energien wieder aufnehmen, damit alle Erdenmenschen wieder zu der vollbewussten und vollfähigen Wesenheit werden, die sie einmal waren. – Die Dunklen können mit der immer höher steigenden Erdfrequenz nicht Schritt halten!

-Hört so oft wie möglich Musik in der Frequenz von 432 Hertz (Musikvideos im Internet, CD's aus dem Musikladen etc.), sie bringt Euch in die Schwingung, die Euch von den Dunklen fernhalten.

-Wenn Ihr selbst Musik machen wollt in 432 Hertz, ist die Anschaffung eines kostenintensiven Frequenzmessers unumgänglich. Kein menschliches Wesen ist in der Lage, 432 Hertz exakt herauszuerkennen und die Billigfrequenzmesser sind rausgeworfenes Geld – eine unnötige Geldausgabe, über die sich nur die Dunklen freuen.

-Spielt auf der Ocarina so oft Ihr könnt beziehungsweise hört so oft ihr könnt Ocarina-Musik. Die Ocarina ist *das* Instrument, welches das Dritte Auge* öffnen kann! Übrigens: Es ist kein Zufall, dass die Ocarina einen Namen wie Oc(hi)arina* trägt, in Augenform gestaltet ist und Umrisse hat wie die Zirbeldrüse* im Gehirn. Die Zirbeldrüse ist das Organ, das als Drittes Auge bezeichnet wird. Im atlantidisch ägypto-arabischen Raum entstand die Ocarina und wurde von den ebenda ansässigen Atlantern über die Wanderroute gen Norden in das Gebiet des heutigen Rumäniens gebracht. – Anmerkung: Achtet darauf, dass es eine klassische Ocarina ist und keine stilistisch verformte, die Ihr Euch zulegt oder der Ihr zuhört!

Sprachmagie und Gedankenkraft:

Es ist unumgänglich, dass sich Menschen eine Sprachhygiene angewöhnen. Es ist bereits seit Langem eine weit verbreitete Unsitte, im Alltag von sich und anderen schlecht zu reden. Beides hat energetisch üble Folgen. Weitere üble Folgen hat der Missbrauch der Gedankenkraft. Die Energie der Gedanken ist eigentlich dazu da, um sich Wünsche zu manifestieren*. Gedanken-Wirrwarr, Ängste und Zweifel verhindern jedoch diese Manifestation. Mit Sprache und Gedanken sollte wieder verantwortungsbewusst umgegangen werden.

Glaubenssätze: „Ach, ich bin so schusslig!" Wie oft sagen das oder Ähnliches Menschen über sich selbst? Was sie nicht wissen, ist, dass ihre Seele und die DNA ihrer Körper diesen Sachverhalt speichern. Im nächsten Leben sind solche Menschen dann tatsächlich zerstreut und ungeschickt. Was Eure Seele und DNA nicht verstehen, sind Verneinungen. Sagt: „Ach, ich bin überhaupt nicht umsichtig." Eure Seele wie auch Eure DNA speichern alles ein, bis auf das Wort nicht! Ihr könnt mit Affirmationen Eure Seele und DNA umspeichern. Mit dieser Umspeicherung zieht Ihr Lichtvolles an und haltet Dunkles fern.
Affirmation: Ich bin ab jetzt umsichtig. Ich bin ab jetzt achtsam. Ich bin ab jetzt aufmerksam. Ich bin ab jetzt konzentriert. Ich bin ab jetzt bedachtsam.

Diese Affirmation kann gegen alles Beliebige angewandt werden, dazu sind nur die Adjektive entsprechend auszutauschen.

Programmierungen: „Ich bin nur für Unnützes zu gebrauchen!" Solche Aussagen werden nicht wie Glaubenssätze vor sich hingeplappert. Solche oder ähnliche Selbstkritiken werden aus voller Überzeugung ausgesagt. Mit diesen Programmierungen programmiert Ihr Eure Seele und DNA wie einen Computer. Die Ursachen für ‚Versagen' haben ganz andere Ursachen als Charakterschwäche. Die Ursachen liegen in vergangenen Leben. Beispiel: Finanzielle Probleme gehen auf ein Armutsgelübde bei Eintritt in ein Kloster zurück. Mit Affirmationen könnt Ihr Eure Seele und DNA neu programmieren. Mit diesen Umprogrammierungen zieht Ihr wieder Lichtvolles an und schützt Euch vor Dunklem.
Affirmation für Selbstwert: Ich bin wertvoll. Ich bin nützlich. Ich bin hilfreich.
Diese Affirmation kann beliebig umgewandelt werden, es müssen nur die Adjektive ausgetauscht werden.
Affirmation gegen Armutsgelübde: Ich löse ab sofort alle Armutsgelübde aus diesem und aus allen vergangenen Leben auf. Ich löse ab sofort alle Armutsschwüre aus diesem und vergangenen Leben auf. Ich hebe ab sofort alle Armutsversprechen aus diesem und vergangenen Leben auf. Ich distanziere mich ab sofort von allen Armutsenergien aus diesem und vergangenen Leben.
Diese Affirmation kann unter entsprechender Änderung gegen sämtliche Gelübde, Schwüre und Versprechen angewandt werden.

Getratsche: Im Multiversum* gibt es ein Resonanzgesetz, auch Spiegelgesetz genannt. Dieses Gesetz reflektiert alles, was ihr tut, sagt und denkt. Wenn Ihr über jemandem schlecht sprecht, werdet Ihr irgendwann von irgendjemandem selbst so beurteilt. Dieses Gesetz dient dazu, dass Ihr Euch immer selbst sehen könnt und damit Ihr Euch zudem aus der Sicht des Anderen sehen könnt. Mit schlechtem Gerede zieht Ihr dunkle Energien in Euer Energiefeld. Diese dunklen Energien erfüllen Euch mit Misstrauen und Feindseligkeit. Diese Energien strahlt Ihr aus und bekommt sie zusätzlich reflektiert. Wenn Ihr Euch über jemandem beschweren wollt, dann sagt: „Er wäre meiner Meinung nach besser, er/sie würde das sein lassen." Sagt das nicht verärgert, sonst bekommt Ihr Dunkles (Ärger etc.) reflektiert. Sagt es mit besten Wünschen aus dem Herzen, dann bekommt Ihr Lichtvolles (Herzlichkeit etc.) reflektiert.

Kränklichkeit: „Es geht mir schlecht." Sätze wie diese wirken auch in den nächsten Leben nach, denn auch jene Worte setzen sich in Seele und DNA fest. Sagt: „Es geht mir nicht gut." Oder: „Es will nicht besser werden." In beiden Fällen wird die Verneinung von Seele und DNA nicht wahrgenommen und Ihr vermeidet unliebsame Eingebungen. Damit wandelt Ihr Negatives in Positives um und zieht Lichtvolles in Euer Leben.

-Egal, welcher Religion, Sekte oder sonstigen Glaubensgemeinschaft Ihr angehört, gewöhnt Euch den direkten Kontakt mit der Geistigen Welt an. Beginnt immer mit Liebe Geistige Welt, ICH BIN … Leiert keine auswendig gelernten Gebete runter, sprecht mit der Geistigen Welt wie mit einem Menschen höflich, respektvoll und nicht umgangssprachlich. Lasst Verneinungen weg, denn die werden von der Geistigen Welt nicht wahrgenommen (statt ‚Bitte verhelft mir zu einem Job, in dem ich nicht schlecht verdiene.' in bejahter Form wie ‚Bitte verhelft mir zu einem Job, in dem ich gut verdiene.'). – Der direkte Kontakt mit der Geistigen Welt lässt Euch hoch schwingen. Dunkle Wesen meiden den Kontakt zu Menschen, die direkten Kontakt zur Geistigen Welt halten. Anmerkung: Bei schriftlichem Kontakt schreibt ICH

BIN immer in Großbuchstaben und verwendet keine andere Floskel wie ICH HEISSE. Das ICH BIN ist der Schlüssel zur Geistigen Welt.

-Setzt Euch so oft Ihr könnt mit Eurem Höheren Selbst in Verbindung. Ihr setzt Euch mit Eurem Höheren Selbst in Verbindung wenn Ihr: Selbstgespräche haltet, eine Intuition habt, Vorausahnungen habt, Visionen habt, mediale Botschaften erhaltet oder Fragen über Eure vergangene Leben der Geistigen Welt stellt. Je mehr Ihr Euch mit Eurem Höheren Selbst in Verbindung setzt, desto mehr erwacht in Euch die Christusenergie*. Das ist jene Energie, die in Jesus als das Weise, Heilsame und Liebevolle existierte. Die Dunklen fürchten geradezu die erwachte Christusenergie in uns.

-Affirmationen gegen negative Bindungen, Verwünschungen und Flüche täglich aufsagen. Fluchworte nie in der saloppen Umgangssprache verwenden (ein ver... guter Film), denn der böse Wille ist nur die Verstärkung, der Fluch selbst ist das entsprechende Wort. Flüche gehen in 7-facher Stärke auf den zurück, der sie ausgesprochen hat. Schon ein einziger Fluch kann sich über mehrere Leben dahinziehen. Ein Fluch unterscheidet nicht, ob Ihr diesen unachtsam daherplappert oder ob Ihr eine Person, Situation oder einen Gegenstand verflucht habt. Dasselbe gilt für negative Bindungen und Verwünschungen. Negative Bindungen sind Abhängigkeiten in jedwelcher Form, abhängig von Menschen, das kann aber auch eine Sucht sein. Menschen, die anderen ständig hinterherspionieren, lassen zu sich und den anderen negative Bindungen entstehen. Verwünschungen sind zB: Du sollst kein Glück haben! – Negative Bindungen, Verwünschungen und Flüche ziehen gleichermaßen das Dunkle an. Meidet negative Bindungsenergien im Vorfeld, sprecht keine Verwünschungen und Flüche aus und gegen bereits bestehenden negativen Bindungsenergien, Verwünschungen und Flüchen sprecht täglich Eure Bitten*, Affirmationen* oder Ansprechungen* aus.

Bitte gegen negative Bindungen: Ich bitte die Geistige Welt um eine Energietrennung zwischen allen negativen Bindungen und allen negativen Bindungssymbolen, danke. – Ich bitte die Geistige Welt, um eine Trennung zwischen allen negativen Bindungen und allen negativen Bindungssymbolenergien, die mich in diesem und seit früheren Leben belasten. – Ich bitte die Geistige Welt, alle negativen Bindungen und alle negativen Bindungssymbole zu durchtrennen und aufzulösen. – Ich bitte die Geistige Welt, Reinigung durch die durchtrennten Bänder, Bindungen und Symbole fließen zu lassen und diese zu transformieren. – Ich bitte die Geistige Welt, Heilung durch meine Aura, Chakren und gesamten Körper fließen zu lassen. – Ich bitte die Geistige Welt, Heilung durch die durchtrennten Bänder, Bindungen und Symbole fließen zu lassen. – Danke für die Energietrennung zwischen allen negativen Bindungen. Danke für die Energietrennung zwischen allen negativen Bindungssymbolenergien. – Danke für die Reinigung, Transformation und Heilung der durchtrennten Bänder, Bindungen und Symbole. – Danke, ICH BIN ...

Affirmation gegen Flüche: Ich hebe ab sofort alle Flüche auf, die in diesem wie auch in vorherigen Leben gegen mich ausgesprochen wurden. Ich hebe ab sofort alle Flüche auf, die ich in diesem wie auch in vorherigen Leben gegen andere ausgesprochen habe.

Ansprechung gegen Verwünschungen: Verwünschung, ich rufe Dich, bitte höre mich an! Ich hebe Dich mit sofortiger Wirkung auf und schicke Dich zum Ausgangspunkt zurück.

-Sprecht täglich Eure Affirmationen gegen Vereinbarungen mit den Dunklen. Diese Vereinbarungen könnt Ihr auch in vorhergehenden Leben gemacht haben. Die Dunklen kommen immer dann, wenn jemand Hilfe braucht. Natürlich bieten sie keine Hilfe an sondern handeln eigennützig, aber bis man ihr wahres Gesicht erkannt hat, ist es bereits zu spät. Gegen die entgegenwirkenden Affirmationen haben die Dunklen keine Chance.

Affirmation zur Distanzierung von Vereinbarungen mit Dunkelwesen: Ich distanziere mich ab sofort von allen Vereinbarungen, die ich in diesem oder vorherigen Leben mit Dunkelwesen getroffen habe.

-Vor jeder Inkarnation werden mit dem Karmischen Rat und anderen Seelen Seelenverträge geschlossen. Die Seelen besprechen ihre Rollen, die sie zueinander spielen werden (Nachbarn, Ehepartner, Arbeitskollegen etc.), der Karmische Rat berät die Seelen vor dem Inkarnieren. Trotz der Beratung fühlen sich vor allem unerfahrene Seelen vor dem Inkarnieren unsicher. Hier schleichen sich die Dunklen ein und bieten ihre Scheinhilfe an. Sie bieten ihre Scheinhilfe nicht nur vor jeder neuen Inkarnation an, sondern bieten der Seele dauerhaft ‚Unterstützung' an. Da die Seele unsterblich ist, scheint ihr ein Austreten aus dem Vertrag unmöglich. Hinzu kommen noch Drohungen vonseiten der Dunklen, wenn die Seele austreten will. Die Seelen haben Angst davor, was sie durch Einwirken der Dunklen in ihrer nächsten Inkarnation erwarten könnte (Krieg, Krankheit, Gewalttat, Obdachlosigkeit etc.). Mit Hilfe des mächtigen Erzengel Raziels an Eurer Seite könnt Ihr alle Verträge und Verbindlichkeiten mit den Dunklen vollkommen und endgültig auflösen. Bittet Erzengel Raziel darum, Euch hierbei zu helfen:
Lieber Erzengel Raziel, bitte komm!
ICH BIN ... Lieber Erzengel Raziel, bitte befreie mich vollkommen und endgültig von allen Verträgen und

Verbindlichkeiten, die ich in diesem wie auch in vorherigen Leben mit Dunkelwesen abgeschlossen habe und eingegangen bin.
Lieber Erzengel Raziel, danke für die Auflösung von sämtlichen Verträgen und Verbindlichkeiten mit allen Dunkelwesen.

-Sagt regelmäßig Affirmationen auf, die Eure Chakren reinigen, öffnen, schützen und auf die richtige Drehzahl bringen: **Ich reinige und öffne meine Chakren und bringe sie auf die richtige Drehzahl. Ich reinige alle meine Chakren von sämtlicher Störung durch schädliche Energien. Ich reinige meine Chakren von allen schädlichen Fremdeinflüssen.** – Jedes einzelne Chakra befindet sich in Euren feinstofflichen Körpern. Chakren sind Energiewirbel, die Energien der Geistigen Welt aufnehmen. Wie bereits erwähnt, ist der enge Kontakt zur Geistigen Welt eines der stärksten Schutzfunktionen gegen dunkle Energien und dunkle Wesenheiten.

-Durch all die Universen hindurch wird die Kommunikation der Gedankenübertragung angewendet. Die Art von Botschaftsübermittlung geht viel schneller vonstatten und lässt Missverständnisse erst gar nicht aufkommen. Die meisten Menschen der Erde benutzen die träge verbale Sprache. Aber jedem gesprochenen Wort geht ein Gedanke voraus, das heißt, ein Gedanke formt das Wort. Und bei Menschen bedarf es zudem den Bruchteil einer Sekunde, bis sie sich ihrer Gedanken bewusst werden. Während sich Menschen ihrer Gedanken erst bewusst werden müssen, wissen feinstoffliche Wesen bereits, was der einzelne Mensch denkt. Es ist daher sehr leicht, mit der Geistigen Welt gedanklich in Kontakt zu kommen und sie um Beistand zu bitten. Es ist jedoch nicht ratsam, die Dunkelwesen überlisten zu wollen, denn auch sie sind feinstofflich und daher den Menschen immer einen Gedanken voraus. Natürlich sind auch die Lichtwesen den Menschen immer einen Gedanken voraus, aber von ihnen geht keine Bedrohung und keine Beeinflussung aus. Deshalb ist es sehr wichtig, freundliche und liebevolle Gedanken zu haben. Die Dunklen fürchten alles Freundliche, Liebevolle, weil dies hoch schwingt. Menschen mit hoch schwingenden Gedanken meiden sie und versuchen deren Gedanken erst gar nicht zu beeinflussen. Bei diesen Menschen gelingt es den Dunkelwesen nicht, ihnen Angst oder andere negative Denkweisen einzuimpfen. Übt Euch darin, Eure Gedanken unter Kontrolle zu bringen, bittet mit Dank die Geistige Welt gegebenenfalls um Beistand, aber denkt positiv!

-Muss – verbannt dieses Wort aus Eurem Vokabular. Ich muss dies…, das…, jenes… - Wir müssen dies…, das…, jenes… Ihr speichert das in Eure Seele und DNA (siehe Affirmationen bei Begriffserklärungen). Wie oft habt Ihr Euch schon gefragt: ‚Warum muss ich denn immer dies…, das…, jenes tun?' – Weil Ihr das anzieht. Was in Eurer Seele und in Eurer DNA gespeichert ist, wirkt wie ein Ball, den Ihr gegen die Wand werft. Er kommt wieder zurück. Dieses Resonanzgesetz des Multiversums ist allgegenwärtig und holt Euch ein. Sagt stattdessen werden oder wollen. Somit schafft Ihr Euch keine eigenen Befehle. – Und sagt niemals über andere ‚ihr müsst oder sie müssen', in der direkten Ansprache redet stets in der höflichen Bittform. Wenn Ihr all das nicht tut, verunreinigt Ihr Euer Hals-Chakra, was unter anderem für die Selbstbestimmung zuständig ist. Ihr behindert sonst Eure eigene Selbstbestimmung noch in diesem Leben oder zumindest in künftigen Leben.

Sendungsenergien:

-Sendet überall Licht und Liebe hin, wo dunkle Energien vorherrschen (Kriegsgebiete, Tierversuchslabors, Gefängnisse etc.). Habt Mitgefühl mit den Leidenden, aber bedauert sie nicht – ansonsten sendet ihr ihnen die Energie des Bedauerns zu. Ihr bestätigt somit die Tatsache, dass es Grund gibt, sie zu bedauern und verschlimmert damit nur ihre Situation. Sagt in Gedanken oder im gesprochenen Wort: „**Ich sende Licht und Liebe überall dorthin, wo es dunkel ist. Danke, ICH BIN …**" Wenn Ihr unsicher seid, bittet mit Danksagung die Engel darum, Eure Energie zu verstärken.

-Der Dank ist eines der stärksten Segnungen, wenn nicht gar die stärkste Segnung überhaupt. Ein Fluch kommt ‚nur' mit 7-facher Stärke auf den, der ihn ausgesprochen hat, zurück. Die Segnung, das Gegenteil eines Fluches, kommt in weit höherer Resonanz auf den zurück, der die Segnung aussprach. Der Dank kommt in noch höherer Resonanz auf den zurück, der ihn aussprach. Der Dank beinhaltet somit eine der stärksten Segnungen, die für Heil und Schutz sorgen. Wer Dank ausspricht, tut seinem Gegenüber und erst recht sich selber etwas Gutes.

-Erdung ist für eine gesunde Lebensweise unerlässlich. Niemand könnte auf Dauer auf einem anderen Planeten überleben, auch in Raumanzügen, Raumschiffen und unter Schutzkuppeln nicht! Der Grund dafür sind die unterschiedlichen Schwingungen. Alle und alles muss in der gleichen Frequenz schwingen wie der Heimatplanet. Tun sie das nicht, würden sie tödlich erkranken. Mangelnde Erdung ist mitunter einer der Gründe, warum Menschen physisch, psychisch oder psychosomatisch erkranken. **Da der Planet Erde inzwischen in höheren Frequenzen schwingt als die Dunkelwesen, ist die Erdung ein ganz besonders wirksamer Schutz. Sprecht so oft es Euch einfällt Affirmationen zur

Erdung: **Ich verbinde mich jetzt mit Mutter Erde. Ich schwinge in der gleichen Frequenz wie Mutter Erde.**

-Denkt daran: Immer wenn Ihr negative Gedanken oder Gefühle entsendet (Hass, Angst, Neid, Gier, Sucht, Wut, Eifersucht, Trauer), ist das ein gefundenes Fressen für die Dunkelwesen. Diese Redensart ist wörtlich zu nehmen, denn Dunkelwesen ernähren sich von Energie, sofern sie destruktiv ist. Lebt Euer Leid und Euren Kummer, Eure Wut und Euren Ärger aus, aber findet zurück in die Balance. Wenn Euch das nicht gelingt, dann lasst Euch von Therapeuten professionell helfen. Bedenkt auch, dass negative Gefühle wie eine imaginäre Waffe gegen den Anderen geschleudert werden kann. Damit schwächt Ihr gegenseitig Euer Schutzschild aus Licht und Liebe und macht Euch für die Dunkelwesen angreifbar. Dunkelwesen können in Euch Krankheiten auslösen, können Euch freudlos werden lassen und… und… und… Wenn Ihr einen dunklen Einfluss spürt, dann geht schwimmen, tanzen, hört schöne Musik, aber lasst Euch nicht von den Dunklen beeinflussen!

-Wie können Tagesgeschehen eines ganzen Planeten jeden Tag genau in die Sendezeit passen…? Und die Nachrichtensender, die 24 Stunden lang laufen, bringen auch ständig Wiederholungen. Auch positive Ereignisse sind wichtig. Warum werden diese nicht gesendet? …damit sich die Schockbilder und Schreckensmeldungen in Euch festsetzen und in Euch dunkle Energien wecken – vergesst nie die Kraft der Gedanken. So wichtig Nachrichten auch sein mögen, sie wurden nicht gemacht um Euch zu informieren. Wen interessiert es schon, ob ein Arbeitssklave* informiert ist?

-Wer mit so vielen Energien arbeitet, darf sich nicht wundern, wenn neue Glühbirnen plötzlich ausbrennen und Elektrogeräte nicht mehr wie gewohnt funktionieren. Wer mit dem Computer zu tun hat, sollte sich von Allem Kopien anfertigen!

Versteckte Gefahren umwandeln:

-Lass Euch niemals chippen! Kreditkarten waren nur dazu da, um Euch langsam auf den implantierten Chip vorzubereiten. Ihr sollt fortan nur noch bargeldlos zahlen, auch die, die nicht mit modernen Kreditautomaten umgehen können. Ziel des ganzen war: die volle Kontrolle über jeden auch noch so kleinen Zahlungsschritt der Erdenmenschen (Arbeitssklaven) zu haben. Wer sich dem System widersetzt, dem wird das Bankkonto gesperrt und kann zusätzlich verhaftet werden. Wo sich die Widerspenstigen verstecken, wissen die Dunklen immer, denn über ihren implantierten Chip wird per Satellit ihr Standort laufend übermittelt.

-Elektrosmog unterbindet jene neurologischen Funktionen, die notwendig wären, um in höheren Frequenzen zu schwingen. Je näher ein Gerät in Körpernähe ist, desto mehr untergräbt es die hohen Frequenzen. Die Medien zur Unterhaltung und Kommunikation sind nicht zu Eurem Vergnügen gemacht worden, sondern um Euch daran zu hindern, Euch in höhere Frequenzen und damit in höhere Dimensionen zu schwingen. Grund: Die Dunklen können maximal die unteren Ebenen der Vierten Dimension erreichen. Verzichtet auf so viele Elektrogeräte wie möglich, telefoniert nur aus Unumgänglichkeit und nicht aus Langeweile und sitzt nicht unnötig vor dem Computer. Nutzt insbesondere den Computer, um mit Lichtarbeitern zusammenzuarbeiten. Achtet weniger darauf, was die Dunklen machen, sonst konzentrieren sich Eure Energien auf Furcht und Ärger, den sie verbreiten. Vergesst nicht, dass sich die Dunklen von negativen Energien ernähren! **Bitte gegen schädliche Strahlung: ICH BIN ... und bitte darum, liebe Engel, legt einen Schutz um mich. Bitte haltet jede schädliche Strahlung und Gefährdung von mir fern. Bitte erhöht meine Frequenz und schützt mich vor dunkler**

Energie und schwingt mich in die höchsten Ebenen der Vierten Dimension und darüber hinaus. – **Für die Frequenzerhöhung, dem Schutz vor dunkler Energie sowie die Erhöhung über die Vierte Dimension und darüber hinaus, danke, liebe Engel. Für den Schutz vor Strahlung danke ich Euch.**

-Es gibt keine unheilbaren Krankheiten, aber welches Pharmaunternehmen, Tierversuchslabor, welche Klinik und Arztpraxen könnten von gesunden Patienten leben? Jenen Ärzten, die sich querstellen, wenn auch mit noch so guten Heilerfolgen, wird die Approbation entzogen wegen ‚fahrlässigem' Umgang mit den Patienten. Und wie bereits erwähnt, werden Krankheiten gänzlich vermieden, sobald die entsprechende Lebensweise praktiziert wird. Die Anleitungen dazu stehen im Buch, man sollte sie nur regelmäßig befolgen – es sei denn, man vergisst sie. Genau für dieses Vergessen haben die Dunklen gesorgt. Die Wissenschaftler halten dieses Vergessen für eine Krankheit, es ist der sogenannte Alzheimer. Während Verkalkung und Demenz altersbedingte Erscheinungen sind, ist der Alzheimer ein pures Kunstkonstrukt der Dunklen. Das erklärt, warum es dafür keine Heilmittel gibt. Selbst wenn es dennoch Heilmittel geben sollte, sei gesagt: wer an Alzheimer ‚erkrankt', zieht unweigerlich dunkle Energien an. Um das 30. Lebensjahr setzt diese ‚Erkrankungen' langsam schleichend und unbemerkt ein. Wer sich vor Alzheimer schützen möchte, kann sich mehrmals täglichen mit abschirmenden Energien davor bewahren. Wer bereits ‚erkrankt' ist oder den Verdacht hat, es zu sein, kann sich mit Bitten vor einer weiteren Ausbreitung schützen. **Bitte um vorbeugende Isolierung: Liebe Engel, ich rufe Euch! ICH BIN ... Bitte errichtet jetzt eine weiße Lichtsäule um mich (und ...). Bitte, liebe Engel, sorgt dafür, dass die weiße**

Lichtsäule mich vor Alzheimer schützt. **Haltet die Lichtsäule fortan aufrecht.**
Danke, liebe Engel, dass ihr eine weiße Lichtsäule um mich (und …) errichtet. Danke, liebe Engel, dass ihr mich (und…) mit dieser Lichtsäule vor Alzheimer schützt.

Für bereits an Alzheimer erkrankte Menschen ist eine einfache, kurze aber genauso wirksame Bitte entwickelt worden. Auch im fortgeschrittenen Stadium kann diese von einer betreuenden Person vorgelesen und (im Chor) nachgesprochen werden: **Liebe Engel, ich rufe Euch! Liebe Engel, bitte verhindert, dass sich mein Alzheimer weiter ausbreitet. Danke, ICH BIN …**

Für bereits an Alzheimer erkrankte Tiere beziehungsweise beim Verdacht auf diese Erkrankung: **Liebe Engel, ich rufe Euch im Namen von …! Liebe Engel, ich bitte Euch im Namen von…, verhindert, dass sich der Alzheimer von … weiter ausbreitet. Danke, im Namen von …**

Hier ein vorbeugender Schutz für alle jene, die nicht für sich selbst sprechen können wie (Klein)Kinder, Sprachunfähige und Tiere: **Liebe Engel, ich rufe Euch im Namen von …!**
Liebe Engel, ich bitte Euch im Namen von …, errichtet jetzt eine weiße Lichtsäule um … Ich bitte Euch im Namen von…, dass Ihr mit dieser weißen Lichtsäule alle schädlichen Energien von … fernhaltet. Ich bitte Euch im Namen von…, dass Ihr alle schädlichen Energien in … umwandelt. Ich bitte Euch im Namen von …, haltet die weiße Lichtsäule um … fortan aufrecht. Ich bitte Euch im Namen von …, haltet alle alzheimerfördernden Energien von … fern. Ich bitte Euch im Namen von …, wandelt alle alzheimerfördernden Energien in … um. Ich bitte Euch im Namen von …, transformiert alle alzheimerfördernden Energien in … um.

Liebe Engel, danke im Namen von ..., dass Ihr eine weiße Lichtsäule um ... errichtet. Liebe Engel, danke im Namen von ..., dass Ihr mit der weißen Lichtsäule alle schädlichen und alzheimerfördernden Energien von ... fernhaltet. Liebe Engel, danke im Namen von ..., dass Ihr mit der weißen Lichtsäule alle schädlichen und alzheimerfördernden Energien in ... umwandelt und transformiert.
Liebe Engel, danke im Namen von ..., dass Ihr die weiße Lichtsäule um ... aufrechterhaltet. Liebe Engel, danke im Namen von ...

-Achtet darauf, welche Kleidung Ihr Euch kauft. Nackenetiketten mit dem Namen der Hersteller darauf übertragen ihre Energien auf das Hals-Nacken-Chakra. Je namhafter der Kleiderhersteller, desto enger ist er mit den Dunklen verstrickt. Das Hals-Nacken-Chakra ist jenes Chakra, das unter anderem für die Wahrheitsfindung und für die freundliche Kommunikation zuständig ist. Wird dieses gestört, dann funktionieren Verführungen durch Werbung etc. – Achtet auf Eure Kleidung von Kopf bis Fuß, achtet auf die Marken, Farben, Aufschriften und Aufdrucke. Sie beeinflussen alle Eure Chakren, zB Totenköpfe auf Brust oder Rücken (Herz-Chakra).

-Nähert Euch niemals arglos einem Ufo! Bittet aus vollem Herzen mit Danksagung in Worten oder Gedanken die Engel, Euer Licht und Eure Liebe zu verstärken. Sollte es ein UFO der Dunklen sein, dann wird es sich meist zurückziehen. Dunkle Wesenheiten fürchten Licht und Liebe geradezu. **Bitte um Lichtschutz: Liebe Engel, ich rufe Euch!**
ICH BIN ... Bitte errichtet jetzt eine weiße Lichtsäule um mich (und ..., mein Haus und meine Umgebung). Haltet die Lichtsäule so lange aufrecht wie Ihr es für richtig haltet. Danke, liebe Engel

-Geld ist nichts anderes als Schall und Rauch. Geld macht nur so lange mächtig, so lange es welche gibt, die für Geld arbeiten. Egal was Euch versprochen wird, lasst die Finger vom Geld! Lasst die Finger vom Geld – und die Dunklen haben nur noch Zahlen statt Macht!

Christusenergie:

-Die Christusenergie ist jene Energie, die Jesus Christus seiner Zeit verbreitete. Jene Energie kennt nur die allumfassende Liebe, die nichts und niemanden ausschließt. Wer die Christusenergie in sich trägt, legt sämtliche negativen Gefühle ab. Wer die Christusenergie in sich aufnimmt, wendet sich der wahren Gottheit zu und nicht jener von den Religionen vorgegaukelten Gottheit, die Kriege, Krankheiten, Inquisition, Holocaust und dergleichen mehr zuließ und teilweise immer noch zulässt.

Wer die Christusliebe in sich aufleben lässt, schwingt sich auf in höhere Frequenzen und bildet um sich einen Schutzwall gegen alles Dunkle und Negative, denn beides schwingt in niederen Frequenzen. Die dunklen Wesenheiten, die nur negative Emotionen in sich tragen, schwingen dementsprechend in niederen Frequenzen.

Es ist den Dunklen nicht möglich hoch zu schwingen, es sei denn, sie legen all ihre negativen Emotionen ab. Wer folglich in hohen Frequenzen schwingt, wird für die Dunklen unerreichbar!

Die hochfrequenten Wesen können die niederfrequenten beobachten, können hören, was sie sagen und wissen immer, was sie tun und wo sie sind. Umgekehrt ist das nicht möglich. Alles, was niedrig schwingt, kann das, was hoch schwingt, nicht wahrnehmen und nicht greifen. Das ist auch der Grund, warum die meisten Erdenmenschen beispielsweise die Engel nicht wahrnehmen können. Engel schwingen in einer höheren Frequenz als Erdenmenschen.

Wie können Erdenmenschen die höheren Frequenzen erreichen? Sie können sie erreichen, indem sie sich von negativen Emotionen fernhalten und indem sie Orte sowie Mitmenschen meiden, die mit negativen Emotionen belastet sind und indem sie die Anweisungen dieses Buches befolgen.

Wie lange dauert es, bis Erdenmenschen alle negativen Gefühle abgelegt haben und sich von negativen Gefühlen Anderer nicht mehr anstecken lassen? Das ist individuell verschieden, aber niemand sollte sich deswegen zeitlich unter Druck setzen lassen. Hierbei handelt es sich um Prozesse. Bis Prozess um Prozess vollzogen wurde, braucht es Zeit.

Wichtig ist es, nach einem Rückfall in eine Niedrigschwingung niemals ein schlechtes Gewissen zu haben. Ein schlechtes Gewissen schwingt tief und macht einen jeden für die Dunklen angreifbar. Die Dunklen können ängstigen, irritieren, Krankheiten auslösen, Unfälle verursachen etc. Auf ein schlechtes Gewissen lauern sie nur. Auch wenn Ihr noch so viele Rückfälle habt, es sind Prozesse, die viel Hingabe bedürfen. Lasst Euch so viel Zeit wie Ihr braucht, setzt Euch keinem Stress aus, das bringt Euch letztendlich den größten Erfolg.

Lebt Euren Kindern ein hochfrequentes Leben vor. Wenn Ihr keine Kinder habt, dann lebt es der jüngeren Generation vor. Esst nur hochfrequente Lebensmittel, tragt nur hochfrequente Kleidung, lasst nur Hochfrequentes in Eure Heimstätten, behandelt Eure Mitmenschen und Mitgeschöpfe nur in hochfrequenter Weise.

Natürlich fürchten die Dunklen, dass die Erdenmenschen sich ihrer Macht entziehen, deshalb überschwemmen sie den Handel mit niederfrequenten Produkten. Aus demselben Grund manipulieren sie das Verhalten der Erdenmenschen, um sie am Aufstieg in höhere Frequenzen zu hindern. Der Aufstieg in höhere Frequenzen bedeutet den Aufstieg in höhere Dimensionen. In höheren Dimensionen wird das Christusbewusstsein uneingeschränkt ausgelebt.

Dieses Christusbewusstsein, das Jesus damals in seiner Inkarnation auslebte, wird wiederkommen. Nicht Jesus selbst wird wieder auf der Erde inkarnieren, nein, das Christusbewusstsein wird wiederkommen. Es wird wiederkommen im neuen Zeitalter.

Am 21. Dezember 2012 ist dieses neue Zeitalter angebrochen, es ist das Zeitalter des Wassermanns. Das Sternzeichen Wassermann steht unter anderem für Befreiung. Jesus lebte ein Zeitalter davor, im Fische-Zeitalter, der Fisch, das Symbol des Christus(bewusstseins). Die Prophezeiungen* in der Bibel sprechen davon, dass in einen neuen Zeitalter Christus wiederkehre. Das Christusbewusstsein wird wiederkehren, das war damit gemeint.

Übrigens: Im Multiversum gibt es keine Zufälle. Es ist kein Zufall, dass die Grenzumrisse Rumäniens in Form eines Fisches erscheinen!

Begriffserklärungen

21. Dezember 2012	Beginn des Wassermann-Zeitalters
Affirmationen	werden in die DNA des phys.-feststoffl. Körpers, in den Emotional-, Seelen(Christus)- und Astralkörper gesprochen.
Ansprechungen	Telepathische Übertragung von Frequenzenergien
Anunnaki	martialisch lebende Reptiloiden-Rasse; heute eine gespaltene Gesellschaft, ein Teil friedlich, ein Teil kriegerisch
Arbeitssklaven	Veräußern einer überwältigten Rasse zu entsprechendem Gegenwert oder diese selbst zu beherrschen, ist eine Praxis der Sternenrassen, die sich der Dunkelheit verschrieben haben.
Atlantis	Dieses lag im Atlantik. Die Kultur weitete sich grob gesagt über die Küstenregionen und weiter ins Landesinnere der umliegenden Kontinente aus.

Aufgestiegene Meister	Menschen, die ihre Frequenz erhöht haben und so zu höherem Bewusstsein gelangt sind. Einzige Ausnahme ist Serapis Bey, ein Engelwesen, das in einen menschlichen Körper inkarnierte und zum Meister aufstieg.
Baia Mare	Nordwestrumänische Stadt, von Atlantern gegründet, von den Römern eingenommen (Baia Mare, lat.: Großes Bad). Bäderruinen der Römer zeugen noch davon.
Bitten	Gebete (es wird gebeten)
Byzanz	Von den Atlantern gegründete Stadt; Byzanz ist der Name einer atlantischen Priesterin
Cetaceren	Wale – sowohl Tiere als auch hochentwickelte Lebewesen. Tierische Walgesänge erhöhen die Erdfrequenz, hochentwickelte Cetaceren erhöhen in komplexen Strukturen die Erdfrequenz.

Chakren, Pl.; Chakra, Sing.	Chakren sind Energiewirbel; die Haupt-Chakren befinden sich im Bereich Scheitel, Stirn/Zirbeldrüse, Hals/Nacken, Brust / Schulterblätter / Herz, Nabel/Zwerchfell, Sexualzone/ Sakral-Chakra, Damm/Basis- /Wurzel-Chakra
Channels, Pl.; Channel, Sing.	Engl.: Kanäle/Kanal. Menschen, die in der Lage sind, Botschaften aus der Geistigen Welt stimmlich zu empfangen, sie hören die Stimmen der dort lebenden Wesenheiten.
Drachen	entstammen direkt der göttlichen Zentralsonne. Jeder Mensch hat einen persönlichen Drachen. – Drachen sollten die Menschen vor der Dunkelheit bewahren. Die Dunkelwesen sorgten dafür, dass sich die Menschen vor Drachen, wenn auch zu Unrecht, zu fürchten begannen. Auf dem Gebiet des heutigen Rumäniens gab es vor 5000 Jahren die letzten für Menschen sichtbaren Drachen. Durch den Aufstieg in höhere Frequenzen werden Menschen Drachen wieder sehen können.

Drittes Auge	ist das Stirn-/Zirbeldrüsen-Chakra. Es nimmt über die Zirbeldrüse Informationen auf und setzt sie entsprechend um. Alles, was das Dritte Auge aktiviert, reaktiviert auch die stillgelegten DNA-Stränge der Erdenmenschen.
Dunkle	Sind alle Rassen, die sich den dunklen Machenschaften (Versklavung, Ausbeutung, Manipulation etc.) verschrieben haben.
Einhörner	sind zu Lichtwesen aufgestiegene Pferde. Nach Ablegen ihres grobstofflichen Körpers, vollzieht sich in dem ätherischen Tempel des Violetten Feuers über Timişoara ihr Aufstieg. Aus ihrem Dritten Auge strahlt Lichtenergie (als Horn dargestellt). – Jeder Menschen hat ein persönliches Einhorn, es dient als Helfer der Seele und verleiht dieser Kraft.

Energien: weibl., männl.	Weibliche Energien sind ausgleichend, empathisch, nach innen gerichtet etc.; männliche Energien sind fordernd, strukturierend, nach außen gerichtet etc.
Engel	sind lichtvolle Wesenheiten, die mit anderen lichten Wesenheiten für die göttliche Erfüllung sorgen.
Erde	Himmelskörper sind die Körper von feinstofflichen Wesenheiten. Bei den verschiedenen Sternenrassen hat die Erde Namen wie Lady Gaia, Lady Solvana, Lady Urantia etc.
Erzengel	führen Scharen von Engeln an.
Frequenz der Erde	Noch in den 1950-er Jahren lag die Frequenz der Erde bei 8 Hertz, in den 1980-er Jahren lagen ihre Werte bereits über 14 Hertz, heute befindet sie sich auf dem Level von 21,1 Hertz, Tendenz steigend (Engel schwingen mit 22 Hertz).

Geistführer	betreuen die feinstoff. Körper während des Schlafes und nach Ablegen des festst. Körpers.
Gott(heit)	Gott ist die kristalline Zentralsonne und höchst entwickelte Wesenheit des Multiversums. Sie besteht zu gleichen Teilen aus männlicher und weiblicher Energie.
Heiler/Heilerin	Menschen mit einer hochentwickelten Seele, in der Seele liegen längst vergessene Heilmethoden.
Hellsichtigkeit	Wahrnehmung von Stimmen oder Bildern aus anderen Dimensionen
Karma	Wort aus dem Sanskrit: tun, machen – Karma ist ein Lernprogramm, das hilft, begangene Fehler und Irrtümer nicht wieder zu begehen. Gemeint ist ‚Learning by **doing**'.

Konstantinopel	Byzanz, von Kaiser Konstantin umbenannt, heute Istanbul
Kosmische Eltern	Sie erschaffen mit ihrem Geist Fähigkeitsenergien, woraus eine Wesenheit entsteht. Der Grundbaustein einer jeder Wesenheit ist Energie. Die Wesenheit spürt diese Fähigkeiten in Form von Talenten und Vorlieben.
Lebensaufgabe	Den Seelenplan zu erfüllen, ist die Lebensaufgabe.
Lemuria	Kontinent im Pazifik - nach dem ersten Versinken wurde er zum Inselkomplex, ehe er (bis auf wenige Inseln) ganz unterging.
Lichtarbeiter/-innen	Sie helfen mit ihrer hohen Schwingungsfrequenz und ihren Fähigkeiten (Channeln, Telepathie etc.), dem Negativen der Dunkelwesen entgegenzuwirken.

Manifestieren	Manifestation ist eine Konzentration mit dem Geist, der Emotion und der Seele auf einen Wunsch. Die freigewordenen Konzentrationsenergie kommt als Resonanz zurück („erfüllter Wunsch'). Je mehr DNA-Stränge aktiviert sind, desto souveräner wird diese Fähigkeit beherrscht.
Meditation	Chakren nehmen Energie auf.
Michael, Erzengel	ist unter anderem zuständig für Schutz vor Dunkelmächten und Stärkung der eigenen (verborgenen) Kräfte.
Multiversum	Es gibt mehrere Universen im Weltraum.
Nebadonia	Heimatuniversum der Erdenmenschen

Nil	Fluss in Atlantis; Wortbedeutung: 42 (42 km:Tiefenmaße unterhalb der rumänischen Sphinx, errichtet von Sirianern (Riesenskelette). Sie leben heute noch friedlich in Rumänien und Bosnien-Herzegowina aber für menschliche Augen unsichtbar.
Ocarina	Musikinstrument aus Ton – hat bewusst die Form eines Auges und der Zirbeldrüse erhalten.
Prophezeiungen, biblische	Christus(energie)-Wiederkehr: Johannes 14, 1-3 Apostelgeschichte 1, 10-11 Lukas 21, 27 Offenbarung 1, 7 1. Thessalonicher 4, 16-17 Matthäus 12, 16, 22 – 24, 26, 27, 36, 37 – 39, 42 Lukas 21, 34-36 2. Petrus 3, 8-9 Titus 2, 11-14 Hebräer 9, 28

1. Korinther 1, 7-8

Raphael, Erzengel	Er ist unter anderem für Heilung aller Art zuständig und für die Förderung von Lichtarbeit.
Raziel, Erzengel	Er ist unter anderem verantwortlich für die Befreiung aus Verstrickungen und hilft bei Aufgabenbewältigung.
Santorin	Beim Untergang von Atlantis teilweise mit zerstört (Santorin: Name einer atlant. Priesterin).
Schutzengel	Jede Wesenheit hat einen persönlichen Engel, den Schutzengel. Der Schutzengel darf auch ohne ausdrückliche Bitte seiner zugewiesenen Wesenheit helfen, sofern er dabei nicht dessen Seelenplan bzw. Lebensplan oder Karma verletzt.
Seelenpartner/-in	Sie suchen die Fähigkeit des jeweils anderen und sorgen gegenseitig für die Erfüllung ihres Seelenplans.

Seelenplan	Vor dem Inkarnieren wird ein Plan besprochen, der während eines Lebens erfüllt werden sollte. Alle Seelenpläne hängen (in)direkt miteinander in Verbindung und haben bei Erfüllung(!) eine positive Wirkung auf das Multiversum.
Shakti, Göttin	weibliche Urenergie des Multiversums, hochentwickelte Wesenheit mit hoher Erschaffenskraft (göttliche Fähigkeiten)
Sirius	Sirianer wandten sich dem friedfertigen Leben zu, verließen ihr heimatliches Sternensystem und ließen sich im Sternensystem Sirius nieder (eigentlich Sternensystem Großer Hund, gebräuchlicher ist die Bezeichnung Sirius wegen der beiden markanten Sterne Sirius A und B). Seither sind sie namentlich den Erdenmenschen als Sirianer bekannt. Die wahren Sirius-Bewohner erteilten ihnen die Erlaubnis, sich in ihrem Sternensystem niederzulassen. Die eigentlichen Sirius-Bewohner sind

	feline Wesen, aufrechtgehend, pazifistisch und hochentwickelt.
Timişoara	Namensbedeutung, lat.-türk.: mehrfach, (war einst von Wasseradern durchzogen). – Über Timişoara befindet sich der ätherische Tempel des Violetten Feuers, geleitet von Asana Mahatari. – Er liegt nicht über den Karpaten sowie über anderen Örtlichkeiten, wie irrtümlich weit verbreitet wird!
Zirbeldrüse	Gehirnorgan für den Empfang und das Absenden von Schwingungen (Gedanken etc.) zuständig. Empfang von Schwingungen aus dem Multiversum und Absenden von Schwingungen ins Multiversum.

Die acht Körper – von innen nach außen

1.Physischer Körper (feststofflicher Körper) – niederer Körper

-Einziger Körper, der sehr stark verdichtet ist (feststofflich)

-Erneuert seine Körperzellen laufend, alle sieben Jahre entsteht ein ‚neuer' Körper

-Physisch-feststofflicher Körper wird am Ende einer Inkarnation abgegeben

2.Ätherkörper – niederer Körper

-Das Ebenbild des aktuellen physisch-feststofflichen Körpers

-Empfängt feinstoffliche Energien der Erde (Erdung) und aus dem Multiversum, Empfangssensoren sind die Chakren

-Überträger der Lebensenergie auf den phys.-feststoffl. Körper

-Verbindet sich mit den Energien anderer Lebewesen und Dinge: Telepathie

-Erinnert an die Lebensaufgabe

-Heilung geschieht über den Ätherkörper (Ätherkörper vom phys.-festst. Körper getrennt: Schmerzen, Schreien: Selbstanästhesie)

-Ätherkörper löst sich am Ende der Inkarnationskette auf

3.Astralkörper (Merkaba) – niederer Körper

-Trägt den Emotionalkörper in sich

-Hier entstehen Begierden, Triebe aber auch Selbstlosigkeit und Entscheidungen im Alltag

-Hochentwickelter Astralkörper: Bewusstes Reisen in die Astralwelten (= feinstoffliche Welten)

-Entwickelter Astralkörper: Astralreisen im Schlaf (lehrt und/oder lernt oder arbeitet Karma ab)

-Unentwickelter Astralkörper: schwebt über dem phys.-festst. schlafenden Körper

-Astralkörper ist per Energieband (Silberschnur auch Perlenschnur genannt) mit dem phys.-festst. Körper verbunden, Astralkörper gleitet nach dem Reisen in den phys.-festst. Körper zurück, bei ruckartigem Zurückgleiten entsteht das typische ‚Zusammenzucken'.

-Astralkörper löst sich am Ende der Inkarnationskette auf

4.Emotionalkörper – niederer Körper

-Inkarnationserinnerungen

-Bereich des Unterbewusstseins

-Bereich der Wahrnehmung von Matrix (Illusion)

-Hochentwickelter Emotionalkörper: Bewusstes Reisen in die Astralwelten

-Entwickelter Emotionalkörper: Astralreisen im Schlaf (lehrt und/oder lernt oder arbeitet Karma ab)

-Unentwickelter Emotionalkörper: schwebt über dem phys.-festst. schlafenden Körper

-Emotionalkörper ist per Energieband (Silberschnur, auch Perlenschnur genannt) mit dem phys.-festst. Körper verbunden, Emotionalkörper gleitet nach dem Reisen in den phys.-festst. Körper zurück, bei ruckartigem Zurückgleiten entsteht das typische ‚Zusammenzucken'.

-Emotionalkörper löst sich am Ende der Inkarnationskette auf

5.Mentalkörper – niederer Körper

-Verstand

-Energielieferant für das physisch-feststoffliche Gehirn

-Gedankenbilder, Vorstellungskraft

-Das Wissen seit Anbeginn der Zeit ist hier gespeichert

-Seelenplan erkennen

-Bei Vereinigung von Mental- und Emotionalkörper: Intuition, Inspiration

-Geklärter Mentalkörper heilt Äther- und Emotionalkörper (desto höher die Intuition und Inspiration)

-Nur in einem geklärten Mentalkörper ist Erleuchtung zu erlangen (keine Triebhaftigkeit mehr, höheren Sinn in Allem erkennen)

-Nur in einem geklärten Mentalkörper Manifestation möglich

-Nur in einem geklärten Mentalkörper ist die eigene Wahrheit zu erkennen

-Mentalkörper löst sich am Ende der Inkarnationskette auf

6. Kausalkörper – höherer Körper

- Abstraktes Denken, Mathematikverständnis
- Rückschauen in vergangene Leben
- Vorausschauungen
- Visionen
- Mediale Botschaften
- Bleibt am Ende der Inkarnationskette erhalten

7. Seelenkörper (Christuskörper) – höherer Körper

- umgangssprachlich wird der Seelenkörper schlicht Seele genannt
- Höheres Selbst (besitzt die göttliche Allwissenheit)
- Höhere Intuition
- Gesetze des Lebens verstehen
- Christusbewusstsein
- Ancient-Master-Healing (‚Wunder'-Heilung, Jesus-Christus-Praktiken, vorantike Heilkünste wie Reiki)
- Bleibt am Ende der Inkarnationskette erhalten

8. Geistkörper – höherer Körper

- ICH BIN (Verbindung mit der kristallinen Zentralsonne im Multiversum, den göttlichen Fähigkeiten und dem göttlichen Bewusstsein)

-Keine Begrenzungen mehr bei Handlungen, Vorstellungen oder Wünschen

Aufruf an Alle!

Eine sehr große Bitte habe ich an Euch: lebt ein lichtvolles Leben, lebt diese lichtvolle Lebensweise vor, geht mit gutem Beispiel voran und lasst Euch nicht davon abbringen.

Wendet Euch an soziale Netzwerke, um ein lichtvolles Leben publik zu machen. Wer Fremdsprachen beherrscht, möge diese Lichtbotschaften, die im Buch stehen, anderssprachig verbreiten. Sprecht den Menschen Mut zu, lichtvoll zu leben.

Lasst Euch von nichts abschrecken, denn die Dunklen werden sich immer etwas einfallen lassen, um Euch in die Schranken zu weisen. Bleibt standhaft! Ihr habt die ganze Geistige Welt im Rücken, Ihr habt ganze Heerscharen von freundlichen, pazifistischen Sternenvölkern hinter Euch.

Rechnet damit, dass die Dunklen alle denunzieren, die sich einer lichtvollen Lebensweise verschreiben. Sie werden Euch lächerlich machen und Euch einschüchtern – so wie sie es mit mir gemacht haben! Wie man sieht, konnten sie mich nicht daran hindern, dieses Buch zu veröffentlichen…

Die Dringlichkeit meiner Bitte hat einen ernsten Hintergrund. Es wird mir nicht mehr viel Zeit bleiben, denn ich habe wegen schwerer Erkrankungen nicht mehr viele Lebensjahre in dieser Dimension vor mir. Lebt nach dem Buch und nach ein paar Generationen werden Krankheiten ausgemerzt sein!

Sobald es mir möglich ist, arbeite ich an meiner Facebook-Seite. Schaut ab und zu vorbei.

ICH BIN Josephine

Danksagung

Von ganzen Herzen möchte ich mich bei allen bedanken, die mich bei diesem Buch telepathisch unterstützt haben.

Zunächst möchte ich mich bei meinem Schutzengel* sowie allen anderen Engeln bedanken, die mir bei Fragen immer Rede und Antwort standen. Ihnen verdanke ich so manche Korrektur und ihnen verdanke ich auch die Affirmationen, Bitten und Ansprechung.

Des Weiteren möchte ich mich bei der gesamten Geistigen Welt innigst bedanken. Ein großer Dank gebührt auch meinem Einhorn*, Drachen* und Geistführer*. Ohne sie hätte ich meinen Seelenplan verfehlt.

Nicht zuletzt möchte ich mich herzlichst bedanken bei meinem Seelenpartner, weiteren Engeln sowie den vielen Aufgestiegenen Meistern*, die mir geholfen haben, trotz meiner Erkrankungen, meinen Lebensplan zu erfüllen.

Sie alle gaben mir Kraft, schenkten mir Mut und unterstützten mich mit ihren liebevollen und doch so machtvollen Energien. Ich möchte auch allen danken, die hier unerwähnt bleiben, weil es so Viele waren, die mir beistanden, dass ich sie gar nicht alle aufzählen kann, ganz zu schweigen von denen, die ich namentlich nicht kenne.

Ich denke, ich lege ihnen allen keine ungewollten Worte in den Mund, wenn ich in ihrem Namen sage: Lebt ein lichtvolles Leben! Haltet zusammen! Lasst Euch nicht einschüchtern! Reagiert auf alles mit Liebe!

Mit ganz viel Licht und Liebe danke ich Allen

ICH BIN Josephine

Eigene Notizen

Eigene Notizen